# 給小學生的 漫畫心理學

變身社交小達人

簡簡周 著　機機先生 繪

新雅文化事業有限公司
www.sunya.com.hk

## 哥哥文樂

小學四年級男生。他是一個有點粗心和衝動，常常讓老師頭痛的搗蛋鬼。但他也是一個溫柔善良、有責任心的好哥哥、好同學。

## 妹妹文心

小學一年級女生。她是一個會鬧脾氣、有點輸不起的小女孩。但機靈乖巧、對人熱心的她，同時是爸媽的貼心小天使、班上的人氣王。

## 「天使」小白

小白可能是我們的一些想法、念頭，也可能是一些情緒、感受，還可能是一股幹勁。小白總是用正能量支持着我們。

## 「惡魔」小黑

小黑雖然代表着悲觀、沮喪等負面的想法、念頭，但這位「惡魔」很真實，反映一部分每個人都無法否認的自我。小黑和小白總是形影不離，但卻水火不容。

# 目錄

# 好朋友學習比我好

# 好朋友學習比我好

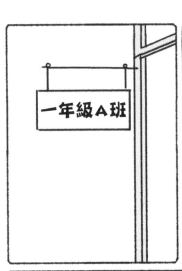
一年級A班

我要再一次表揚小美同學，不僅學業成績優異，表現還很穩定，大家要多向她學習。

啪啪啪——啪啪啪

哼，老師對小美說話，語氣都很溫柔。

　　如果你的朋友學業成績很好，還總是獲老師表揚，你會有什麼感受呢？你會不會感覺有點酸溜溜，有點不痛快，甚至還會埋怨自己為什麼表現得不夠好？

### 1　不要只顧羨慕別人，而忽略自己的優點。

　　看到別人優秀、厲害的地方，會感到羨慕，甚至有點嫉妒，這都是正常的；但你不能一直沉淪在這樣的情緒當中，而需要從更多的視角來認識自己。

　　每個人都有很多優點，包括你。只是有些優點容易被看見，有些優點不容易被看見。學業成績好只是優點之一。

　　只盯着別人取得的好成績、好結果看，還不停地拿自己去比較，就很容易陷入自怨自艾中。

　　我們如果總是忽略自己的優點，讓自己的目光只放在別人身上，那我們將錯過屬於自己的美好。

### 2　把羨慕轉化成動力，讓自己變得更優秀。

　　很多時候，別人優秀，是因為他們在你看不見的地方付出了更多努力，還因為他們用對了方法。

把目光放回自己身上，你可以想想看：他們有什麼方法和經驗，是值得你學習、借鑑的？怎樣可以讓自己做得更好？

　　曾經有個小朋友跟我説，她就喜歡和跑得最快的人比賽，因為要不停追趕對方，連帶着自己的速度也變快了。我很欣賞這樣的態度，和對方競賽，不是為了跟對方攀比，而是要讓對方成為令自己變得強大的助力。

　　我相信，和優秀的人做朋友，在不知不覺間，你也會變得更優秀。

## 試試這麼做

你的一切都值得被看見，試試製作一本專屬於你自己的小書吧。

### 我的小書

① 準備兩張硬卡紙、六至八張顏色紙，把它們釘裝成一本小書，兩張硬卡紙分別做封面和封底。

② 給這本小書命名，然後把書名寫在封面上。

③ 翻開封面，顏色紙的第一頁是扉頁，可以寫上你的名字或暱稱、愛好、優點，以及其他任何你想寫進去的資料。

④ 發揮你的想像力，創作小書的內容，可以貼你的照片、獎狀，也可以用圖畫或文字，記錄你覺得珍貴的每一個瞬間。

**小貼士**　　你還可以借助一些做手賬的小貼紙，讓你的小書內容和形式更豐富。

把你製作的小書拍下來，並把照片貼在空白處。

想一想，還有什麼好辦法

你欣賞自己哪些優點？

你認為自己是一個怎樣的人？

問題不是只有一種解決方法，或許你還可以找到更多適合自己的好辦法，嘗試把它們寫下來。

# 不想跟人

## 打招呼

# 不想跟人打招呼

老闆，麻煩幫我稱一斤芹菜。

啊！

別過來，別過來，
千萬別過來……

15

和周姑娘聊聊天 123

有些孩子比較慢熱，面對不熟悉的人或是來到新環境時，很容易產生緊張、不知所措的強烈反應，所以往往需要花更長的時間，來讓自己慢慢適應。

你也會這樣嗎？不想被人注意，祈求老師上課時不要叫你的名字，希望過馬路時不要遇見熟人，尤其是爸爸媽媽的熟人──因為你很擔心要打招呼……

**1 不是沒禮貌，你只是需要更多時間來放鬆。**

很多孩子其實很想做有禮貌的好孩子，但太緊張時，就很難把「你好」、「謝謝」等說出口。如果你也這樣，別擔心，這不是你的錯，並不是你不懂禮貌，你只是需要更多時間慢慢放鬆。

**2 別做不好的假設，增加心理負擔。**

有些容易緊張的孩子，往往會在事情發生之前演習一下，對還沒有出現的情況做不好的假設，擔心自己被拒絕，怕自己被評價，甚至被忽視或被排擠。越是這樣，越不容易放鬆下來，然後陷入緊張、焦慮的循環。

這種緊張、焦慮，有可能會讓你寧願獨來獨往，但你有時候也會感到孤獨，很想有朋友相伴。

### 3 嘗試自己玩「社交遊戲」，減輕緊張感。

如果你覺得跟別人打招呼或是道謝是很難的事，那麼你可以嘗試自己玩一下社交遊戲。

假設你的玩具也是一個很難開口跟別人道謝、不知道要怎麼交友的小朋友，你可以嘗試教它怎樣去跟別人打招呼，告訴它跟別人說話時應該注意些什麼，具體應該怎麼做。

如果你想要跟別的孩子做朋友，卻又不知道該怎麼做，甚至不敢靠近，你可以先跟你的玩具練習一下。

### 4 壓力大的時候，平靜下來再繼續。

別擔心，如果你覺得壓力太大，可以先暫停，讓自己深呼吸，等平靜下來，準備好了，再往前邁一步。

每次放鬆一點點，再進步一點點，就足夠了。

## 試試這麼做

發揮你的想像力，和你最喜歡的玩偶來一場對話吧。可以聊天，可以講故事，也可以一起演一場戲，它永遠是你忠實的朋友和玩伴。

### 玩偶對話

嘟嘟熊。

① 選一個你最喜歡的布偶，給它取個名字。

② 把它當成你的朋友，想像它的性格。然後，你可以跟它講任何你想講的事，或是玩你想玩的遊戲。

③ 你也可以一個人扮演兩個角色，以布偶的口吻，回應你跟它說的話。

**小貼士**

如果你願意，你可以邀請爸爸媽媽一起來玩這個遊戲。你可以選擇做自己或扮演布偶。

20

請給你的布偶拍照，把照片貼在下方空白處。你也可以把它畫下來。別忘了在旁邊寫上它的名字。

想一想，還有什麼好辦法

當媽媽讓你跟不熟悉的人打招呼時，你有什麼感受？

下一次再遇到類似的情境，你會怎麼做？

通常在什麼情形下，你可以相對輕鬆地跟別人問好？

問題不是只有一種解決方法，或許你還可以找到更多適合自己的好辦法，嘗試把它們寫下來。

好朋友

告發我

# 好朋友告發我

昨天給大家的作業，現在交上來吧。

糟糕，竟然忘記了。

奮力補做作業中……

　　很多孩子都不喜歡向老師打小報告的同學，有些愛告狀、愛什麼事都告訴老師的孩子，甚至還會遭到同伴排擠。但父母和老師常常告訴你，遇到事情要及時讓大人知道。那麼，什麼事都向老師報告到底對不對呢？

**1　什麼事都告訴老師，對或不對看情況而定。**

　　發現同學告狀時，我們首先要做的，是了解他為什麼這麼做，背後可能是基於以下兩種原因。

　　一種是為了保護自己或別人的安全，或是因為自己真的需要幫助。這是基於安全考慮，當然不該對大人隱瞞。

　　另一種是為了給別人製造麻煩，這就有告狀的嫌疑了，這麼做可不好呢。

**2　找出告狀的原因，改掉亂告狀的習慣。**

　　如果某個孩子特別喜歡告狀，背後應該有原因。

　　他可能是想要尋求大人的支持，來提升自己在同齡人中的地位，改善被排斥的處境，也可能是因為他對某個同學心懷不滿，想要報復。還有可能，他只是

單純地不知道怎樣控制自己的衝動，因為看到其他孩子違反規矩時，令他覺得焦慮、困惑，卻又不知道該怎麼正確處理這些情緒，才會選擇告狀。

因此，告狀幾乎都是事出有因，把背後的原因找出來，才能對症下藥，幫助自己或好朋友改掉事事向老師報告的不良習慣。

## **3** 梳理自己的感受或想法，從不同的角度看待告狀。

你被好朋友告過狀嗎？又或是，你向老師告發過好朋友嗎？

無論哪種情況，在那個過程中，你有什麼感受呢？當時，有哪些情緒或念頭湧上來？

如果你曾被好朋友告狀，你知道他為什麼要這麼做嗎？如果是你告狀，你清楚自己為什麼這麼做嗎？你期待什麼樣的結果呢？

嘗試這樣梳理一下自己的感受或想法，也許你會對告狀有不一樣的看法。

當你經歷了一些不愉快的事，卻很難用語言表達清楚時，你可以試試玩下面這個遊戲，來釋放壓力。

① 準備一個計時器、一塊白板和一枝白板筆（白紙和顏色筆也可以）。

② 計時一分鐘，畫出你今天負面情緒很強烈的場景。

③ 再計時一分鐘，畫出你今天最喜歡的場景。

④ 不用擔心畫得不好，沒有人能在一分鐘內畫得很好，你想怎麼畫就怎麼畫。

**小貼士**　你可以邀請爸爸媽媽或是朋友加入這個遊戲。你們可以同時畫，等計時結束後，再互相交流，共同欣賞畫作。

把你的「一分鐘畫」拍下來，貼在下面的空白處。

你覺得好朋友告發你的原因是什麼？

這件事帶給你什麼感受？讓你產生了衝動的行為嗎？

你覺得怎樣處理這樣的情況會更好？

問題不是只有一種解決方法，或許你還可以找到更多適合自己的辦法，嘗試把它們寫下來。

朋友
太讓我

# 生氣了

# 朋友太讓我生氣了

文心，這個周末我們一起去溜冰好嗎？

好啊！

很期待！♥

已經迫不及待想去溜冰了。

星期五
5

還有一天就是周末⋯⋯

36

你的朋友是否做過讓你生氣的事情？或者，你是否曾經也惹惱過你的朋友？發生這樣的事情時，你怎麼處理？

**1** **只顧責怪或埋怨，只會讓事情更糟糕。**

可能朋友的行為有意無意地傷害了你，也可能一切只是誤會。但不管怎麼説，當這樣的事情發生時，你的感覺一定很糟糕。你會生氣對方竟然做了這樣的事，你可能還會感覺失望、傷心、矛盾，這些都是很正常的情緒和感受。

通常情況下，有些孩子或許會責怪、埋怨朋友，可能還會和對方發生爭執；還有些孩子會自己生悶氣，故意不理睬朋友。這些做法都不能真正解決問題，反而會讓你們的關係雪上加霜。那要怎麼辦才好呢？

**2** **冷靜下來，等強烈的情緒過去。**

你需要先處理自己的情緒，然後跟你的情緒靜待一會兒。

當朋友做了讓你生氣的事，你身體哪些地方會有不舒服的感覺？試着把你的感覺説出來，比如，胸口悶、頭昏眩暈、渾身發抖……

別擔心，這些都是伴隨強烈情緒而來的反應。搓一搓手掌，然後把你搓熱了的手心，放在你感覺不舒服的部位，讓熱量傳遞過去。

無論你打算怎麼處理這件事，都先等強烈的情緒過去吧。

**③ 把你的不滿和感受直接告訴對方。**

冷靜下來後，把你的不滿和感受直接告訴對方。如果朋友珍視你們之間的關係，他也會反思自己的做法。你們可以互相理解、彼此包容，消除矛盾。

如果這只是一場誤會，你可以給朋友一個解釋的機會，讓誤會化解。

## 試試這麼做

當你被某些事或某些人惹怒時，可以嘗試做些能讓你排解壞情緒的事。

### 憤怒路牌

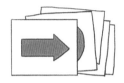

① 用五張紙，分別在上面畫出五個大大的路標。

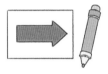

② 想出五件惹你生氣的事情，分別用文字或圖畫，在路標的空白處表達出來。

③ 把這五張紙分別貼在屋裏不同的地方，假裝你開着一輛車，要路過這五個路標。

④ 每路過一個路標，就在紙的空白處寫上當你遇到這件事情時的情緒或想法，並思考為什麼會產生這樣的情緒或想法。

**小貼士**　你還可以在每個路標下，寫上能避免類似情況發生，或是可以讓你心情變好的小辦法。

列出能讓你心情變好的事物，為自己補給一些快樂的
能量。

想一想，還有什麼好辦法

通常，朋友的哪些行為會讓你感到不滿或是生氣？

當朋友做了讓你生氣的事情時，你有什麼反應？

和朋友發生衝突之後，你們都是怎樣和好的？

問題不是只有一種解決方法，或許你還可以找到更多
適合自己的好辦法，嘗試把它們寫下來。

# 好朋友
# 不理我了

# 好朋友**不理我了**

哼，你說得不對。

你才不對，自以為是的傢伙。

冷戰中……

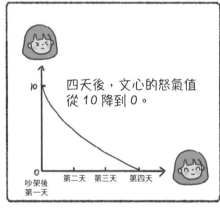

四天後，文心的怒氣值從 10 降到 0。

10

0

吵架後第一天　第二天　第三天　第四天

文心已經不生小美的氣了，可她們見面還是不說話。

　　好朋友之間產生矛盾很正常，這本身就是朋友日常相處的一部分。有時候是因為其中一方做了讓對方生氣的事，有時候是因為兩個人的意見存在分歧，還有時候是因為存在誤會……關鍵是產生矛盾、發生衝突後，要如何修復關係、重歸於好。

## 1 承認錯誤，真誠道歉。

　　如果鬧了矛盾之後，好朋友不理你了，有可能是因為他心裏的氣還沒有消，也有可能他和你一樣，想要和好，卻不知道怎麼邁出這一步。

　　如果確實是你做得不對，那麼，這時你就需要勇敢地承認錯誤，真誠地向朋友道歉。

## 2 和而不同，互相尊重。

　　如果談不上誰對誰錯，只是因為你們的意見存在分歧，那麼，先調整你的情緒，冷靜下來之後，再去想怎麼跟朋友握手言和。

　　其實，好朋友之間想法不同很正常，不一定非要說服對方同意你的觀點，你可以選擇堅持自己的看法，同時也應當尊重朋友的想法。

## 3 主動打破僵局，解開心結。

　　想要打破僵局，總要有一個人先行動。想一想朋友的優點，再想一想你們一起玩耍的快樂時光，如果你還珍視這份友誼，那就主動一點。

　　你可以直接跟朋友表達和好的想法，也可以主動找話題去跟朋友聊，或是邀請他一起去做某件事，比如，一起去圖書館，一起去球場打籃球等。

　　如果是誤會，也要跟朋友解釋清楚。

　　你的坦誠和主動，能夠讓朋友感受到你對這份友誼的重視，對方也會更容易解開心結，消除你們之間的隔閡。

## 試試這麼做

當你遇到煩心事時，你很容易被複雜的情緒淹沒。如果你覺得這些煩惱已經干擾到你了，可以試試以下這個遊戲。

### 煩惱樹

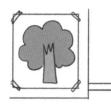

① 在紙上畫一棵大樹，可以畫成任何你喜歡的形狀或樣子，然後貼在牆上。

② 找兩種不同顏色的便利貼，在其中一種顏色的便利貼上，一一寫下你的煩惱，並貼在你畫的大樹上。

③ 再在另一種顏色的便利貼上，寫下你的願望或期待，把它們貼在對應的煩惱貼上。

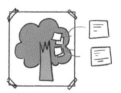

**小貼士**

你還可以嘗試把煩惱樹做成立體：用一個紙杯做花盆，用吸管做樹幹……拿膠紙把它們固定好，做成你心目中大樹的樣子。

請在下面的表格記錄你在便利貼上所寫的內容。

| 我的煩惱 | 我的願望或期待 |
|---|---|
|  |  |
|  |  |
|  |  |

想一想，還有什麼好辦法

當好朋友不理你時，你會有哪些感受和想法？
此時，你通常會怎麼辦？
下一步你還可以做些什麼？
問題不是只有一種解決方法，或許你還可以找到更多
適合自己的好辦法，嘗試把它們寫下來。

# 想念我的舊朋友

# 想念我的舊朋友

不理你了。

不理就不理。

很想念幼稚園的好朋友晶晶。

文心，你最喜歡吃棒棒糖，送給你。

文心是我最好的朋友，誰都不許欺負她！

約定好，我們永遠都是好朋友，長大後要一起穿高跟鞋，一起買漂亮的裙子。

幼稚園畢業後，再沒見過晶晶了。

還是晶晶對我最好……很想她。

跟好朋友分開了，真的很難過。

有時想起以前跟晶晶一起玩耍的時光，也很開心。

我很想念晶晶，很想再跟她一起玩。

雖然我們都有了新朋友，但她也會想念我吧。

再也沒有人會像晶晶對我那麼好了。

其實，不吵架時，小美也很好。

文心，別哭了，請你吃薯片，我們和好吧。

和周姑娘聊聊天 123

　　曾經非常要好的朋友，可能會因為搬家、轉學、升學等原因跟自己分開。想起以前一起玩樂的愉快時光，就會有些失落，會想念他們，希望能有機會再一起玩耍。

　　有些孩子跟好朋友分開後，一直沒能交到新朋友，就會感到孤單。

　　你遇過類似的情況嗎？你想念以前的好朋友嗎？

**1 感到孤單很正常，但別陷入「孤單循環」。**

　　分離後感到失落、孤單是很正常的。每個人都需要朋友，但是無論大人還是孩子，再要好的朋友也可能會有分離的時候。

　　雖然我們會懷念從前，會期盼着跟曾經的好朋友見面，但是如果你有很多好朋友，或是很快就能夠再交到新朋友，相信你能夠好好面對和處理分別所帶來的情緒。

　　結交新朋友對某些孩子來說，是一件容易的事，但對另一些孩子來說，可能會是一個很大的挑戰。

　　要是不能好好融入新環境，交到新朋友，他們就會覺得沮喪，想念曾經的朋友。越是想念過去的朋友，越是不敢主動去結識新朋友，甚至還會出現「社交退縮」，陷入「孤單循環」。

## 2 簡單三招，結交新朋友。

要怎樣才能交到新朋友呢？

首先，勇敢一點，別逃避。面對不熟悉的人時，覺得緊張，不知道說什麼好，這很正常，但不要因此而逃避。

其次，別太在意別人的看法。你有可能會胡思亂想，擔心別人對你有不好的看法，顧慮別人是否喜歡你，怕被評價，怕出醜。沒關係，當察覺自己冒出類似的念頭時，你可以在心裏默唸：我自己的看法更重要。

最後，交朋友有個很簡單的方法：想想看，你的興趣愛好是什麼？誰和你有相同的喜好？和你擁有同樣喜好的人，往往更容易成為朋友。

56

要好的朋友不在身邊，但你依然可以用自己的方式和朋友保持聯絡，表達你的想念。

## 神奇的筆

① 選一枝你最喜歡的筆，按照你想要的樣子，用顏色紙、珠片等材料裝飾它。

② 想像這是一枝神奇的筆，用它寫下的所有願望都會實現。

③ 用這枝神奇的筆寫一封信給你最想念的朋友。如果可以，請爸爸媽媽幫你把這封信寄給你的朋友。

**小貼士**

你也可以製作一些書籤，然後用這枝神奇的筆在書籤上寫下你的願望。

請用你那枝神奇的筆在下面空白處寫出或畫出你最想
實現的願望。

想一想，還有什麼好辦法

你有很想念的朋友嗎？
想念朋友的時候，你會有什麼感受？
你可以做些什麼來表達對朋友的思念？
問題不是只有一種解決方法，或許你還可以找到更多
適合自己的好辦法，嘗試把它們寫下來。

# 我沒有

## 朋友

# 我沒有**朋友**

夏令營結束後，我就來接你。

媽媽再見！

唉，都是不認識的人，還是自己一個人待着吧。

61

跟不認識的人說話，真的很緊張啊。

很羨慕他們這麼快就熟絡起來，還成為了朋友。

他們不跟我玩，會不會是不喜歡我？

我應該勇敢一點，主動跟他們說話。

很羨慕其他同學啊⋯⋯

有些孩子不怎麼喜歡說話，基本上也不參加集體活動。雖然站在人羣裏，卻好像總是孤單一人。他們沒什麼朋友，似乎跟誰都不怎麼熟悉，跟誰都不怎麼親近，就跟漫畫故事中的文心一樣。

### 1 朋友很少，可能是以下原因在作怪。

有些孩子容易感到害羞。大部分沒有朋友或是朋友很少的孩子，性格都很害羞，他們不太敢主動去跟別人說話。有時候看到其他孩子在一起玩，他們明明很想加入，卻又不敢上前。

有些孩子容易感到緊張、不自在，特別是和不熟悉的人在一起時，情況更明顯，所以乾脆自己一個人待着。

有些孩子擔心被拒絕，還有些孩子總擔心別人不喜歡自己，甚至討厭自己，因為太害怕被拒絕，所以他們乾脆先拒絕別人。可是，沒朋友又會讓他們感到孤獨，內心會很羨慕那些朋友很多的孩子，很希望自己也可以跟大家開心地玩。

有些孩子喜歡獨處，還有些孩子因為喜歡沉浸在自己的世界裏，覺得獨處也很好，而很少和他人來往。

## 2 兩大法寶，讓你交朋友屢試不爽。

　　其實，邁出交朋友的第一步，多少都會讓人有些害怕，這很正常。即使是大人，有時候在面對新朋友時也會緊張。那該怎麼辦呢？

　　首先，嘗試進一步了解自己：你對什麼感興趣？你擅長什麼？你喜歡什麼？你討厭什麼？很多時候，兩個孩子之所以能成為朋友，就是因為有共同的興趣。充分了解自己，你就更容易找到和你志趣相投的朋友。

　　其次，你要讓自己更有自信。在平時的學習生活中，要欣賞自己的優勢，並經常說一些自我肯定的話。你越來越自信，朋友就會自然而然地親近你。

## 試試這麼做

　　你可以發揮想像力，創造一個「魔法信箱」。當遇到困難或是內心充滿憂慮時，你可以和玩具或是你幻想中的朋友通信。

### 魔法信箱

① 用收納盒製作「魔法信箱」。為了讓盒子看上去更有魔力，你可以用貼紙、顏色筆或是珠片來裝飾它。

② 選擇一個你喜歡的玩具，例如布偶，或是你想像中的朋友，給他寫一封信。

③ 你可以在信裏跟他傾訴自己所擔心的事、害怕的事、喜歡或討厭的人、事、物……

④ 把寫好的信放進「魔法信箱」，寄給你的朋友。

**小貼士**

　　你可以扮演收到信的朋友，給自己寫一封回信。你還可以用「魔法信箱」來傳送一些特別的禮物，比如寶藏、卡片。

你準備把信寄給哪位朋友呢？請將他的頭像在下方空白處畫出來，並寫上他的別稱和性格特徵。

別　　稱：＿＿＿＿＿＿＿＿＿

性格特徵：＿＿＿＿＿＿＿＿＿

＿＿＿＿＿＿＿＿＿

＿＿＿＿＿＿＿＿＿

想一想，還有什麼好辦法

你覺得自己是一個怎樣的孩子？

你有哪些興趣、愛好或是擅長的事情？

通常在跟什麼類型的孩子交談時，你會比較沒有壓力？

問題不是只有一種解決方法，或許你還可以找到更多適合自己的好辦法，嘗試把它們寫下來。

# 新朋友

# 不跟我玩

# 新朋友不跟我玩

和周姑娘聊聊天 123

你曾因被別人拒絕而感到傷心嗎？被人拒絕會讓你覺得很難過、很失望，對不對？其實，很多孩子都有過類似的經歷，因為被拒絕是生活中很常見的事。

那麼，面對拒絕，我們可以做些什麼呢？

**1 勇敢接受「拒絕」。**

這個世界不會對誰永遠開綠燈，但公平的是，它也不會對誰永遠亮紅燈。你可能會覺得，被拒絕不是一件好事，因為會讓我們產生失望、難過、沮喪等複雜的情緒，甚至讓我們覺得自己被否定。

其實，被拒絕是很常見的事情，大人也常常遇到。如果我們盡了全力仍然無法得到別人認同，那麼坦然勇敢地接受「拒絕」吧。

**2 從「拒絕」中學會換位思考。**

你可以嘗試換個角度想一想：不管有意還是無意，你是否也拒絕過別人呢？當時，你有什麼想法？現在回想當時的情景，你又有什麼樣的感受？

這樣的換位思考，相信能幫助你找到自己被拒絕的原因，至少讓你更能理解並接受別人的拒絕，避免產生過度的負面情緒。

　　大部分孩子在跟其他孩子相處時，都可能會遇到大大小小的困難或挫折。這些困難或挫折所帶來的不舒服，就像看不見的傷口。如果你感覺內心充滿了掙扎，卻又不知道該怎麼辦，可以試試下面這個小練習，也可以想像周姑娘正陪着你一起玩這個遊戲。

## 看不見的傷口

① 找一些繃帶，或是可以當作繃帶的布條。

② 想想今天一整天你身體有什麼不舒服的感覺。生活中，有很多人都受過別人看不見的傷，就像有時候我們會感覺難過、失望等，但又沒有人可以傾訴。

③ 你可以將繃帶綁在產生這些不良感覺的身體部位上，想像這些看不見的傷口正在癒合。

 **小貼士**　　可以假裝你看不見的傷口會說話，問問它：「你有什麼想跟我說的嗎？」然後猜一猜：它會說什麼呢？

請你寫一封簡短的信給自己，說說你曾經被別人拒絕而感到傷心的經歷，從中釋放該經歷所帶來的負面情緒。

想一想，還有什麼好辦法

你被拒絕的經過是怎麼樣的？

在這個過程中，你有哪些感受？

後來怎麼樣了？

問題不是只有一種解決方法，或許你還可以找到更多適合自己的好辦法，嘗試把它們寫下來。

# 好朋友
# 有了
# 新朋友

# 好朋友有了新朋友

這套書很好看，
主角超級厲害。

嘩，這麼有趣。

我也想看。

可以借給我
看看嗎？

叮噹——

文心，今天放學我不跟你一起走了，我跟小晴約好了去她家看書。

我也要去。

但是……

她只叫了我一個人，那我再去問問她吧。

不好意思啊，文心，小晴只邀請我一個人。

過了一會兒……

那就算了，反正我也不稀罕。

和周姑娘聊聊天 123

當跟你形影不離的好朋友有了新朋友，你慢慢會發現，你的好朋友開始不再什麼事情都只跟你說，他們甚至還可能約好去哪裏玩，但沒有叫你……

你會覺得失望、難過，甚至嫉妒、憤怒——明明是你們先成為好朋友。

你有沒有遇過類似的事情？如果曾經遇過，你也有這些痛苦的感受嗎？

**1 好朋友有了新朋友，感到受傷很正常。**

友誼真的是一件很奇妙的事。每個孩子都渴望能跟玩得來的小伙伴建立親密的關係，而且希望自己在對心中是最重要的、與眾不同的。所以，當關係遭到挑戰時，就會感到很受傷。

**2 説出你的感受，別把情緒憋在心裏。**

你可以表達和釋放你受傷的情緒，不需要假裝毫不在意，更不要口是心非地説你毫不在乎；否則，它會以另外一種形式存在於你的內心，然後慢慢發酵，對你產生越來越大的負面影響。

當你把情緒憋在心裏時，你的身體還會產生一些不舒服的生理反應，比如，頭痛、胃痛、胸口悶……說出你的感受，能夠讓你更舒服，也能讓你的朋友更理解你。

### 3 通過自問自答，跳出情緒困境。

如果你習慣把自己的感受藏在心裏，那麼，你可以問問自己：為什麼會這樣做？你在擔心什麼？你以前是否也有過很生氣，但就是不想告訴別人的經歷？當時發生了什麼事？

通過自問自答，將問題梳理清楚，這樣能幫助你找到解決問題的方法，有效化解鬱結於心的受傷情緒。

擁有各種各樣的情緒太正常了，所以，無論如何都不要為自己的情緒而感到羞愧。適當的應對方式是直接面對情緒、探索情緒，把你的感受表達出來。

## 情緒臉

① 準備不同顏色的不織布和一把剪刀。

② 剪出空白臉和表現不同情緒的五官。比如，眼睛可以剪出開心的版本、生氣的版本；眉毛、嘴巴等，也可以剪出不同版本。

③ 把準備好的五官，擺放在空白臉上，創作不同的表情。

④ 你可以拼湊五官來表達你此刻的情緒，也可以自由創作，然後說說這個表情表達了什麼樣的情緒。

**小貼士**　你還可以邀請爸爸媽媽加入遊戲。你們可以根據自己的想像，擺出不同的情緒臉，再讓其他人來猜這些情緒臉表達了怎樣的情緒，看他們是否能猜出來。

根據你此刻的感受，對應選出你剪好的五官，擺放在下面的空白臉上，然後說一說它代表着什麼情緒。

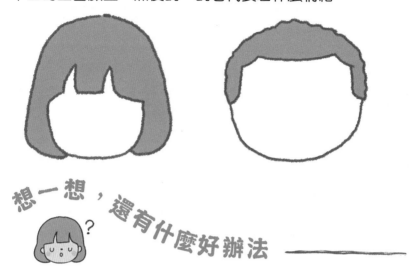

想一想，還有什麼好辦法

你可以說出五個對你很重要的朋友的名字嗎？

他們各自有哪些特質或優點是你欣賞的？

你們在一起的時候會做什麼？

問題不是只有一種解決方法，或許你還可以找到更多適合自己的好辦法，嘗試把它們寫下來。

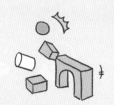

憑什麼
我要

# 讓着妹妹

# 憑什麼我要讓着妹妹

媽媽只會責備我，實在太偏心了。

我只是想得到公平對待。

我討厭妹妹，討厭媽媽。

我應該去告訴媽媽，她這樣處理，我很傷心。

我是不是不應該這麼處理？

和周姑娘聊聊天 123

　　你有兄弟姊妹嗎？你有沒有跟兄弟姊妹起過衝突？比如，搶玩具、搶蛋糕、搶電視機的遙控器。

　　其實很多孩子都很愛自己的兄弟姊妹，但感受到爸爸媽媽更關注的人不是自己時，就會產生不滿。尤其是家裏排行在前的大孩子，可能常常被要求讓着弟弟妹妹，就更容易覺得大人處事不公平，因而感到委屈、嫉妒⋯⋯

　　你也有過類似的感受嗎？

**1　找出讓你感到「不公平」的心理根源。**

　　有些嫉妒兄弟姊妹的孩子，可能還會想把對方惹哭，或是故意製造事端害對方挨罵。你也許曾控制不住自己的衝動，做過類似的事情，事後卻感到不安和自責。總之，「相愛相殺」的感受有些複雜。

　　但其實，你並不是壞心眼，你只是想確認爸爸媽媽是不是依然愛你，是不是還在意你。

**2　認可自己，明白自己的重要性。**

　　每個孩子都是獨一無二的，即使是兄弟姊妹，也會有不同的脾氣秉性和優異特質。所以，別被心中的嫉妒、衝動沖昏頭腦，要相信，無論你有多少個兄弟

姊妹，在爸爸媽媽心目中，你始終是獨一無二、無可替代的孩子。

### 3 別忽略爸爸媽媽對你的愛。

　　正因為每個孩子的喜好、需求都不一樣，即使爸爸媽媽用一模一樣的方式來對待所有孩子，也不太可能讓每個孩子都滿意。因此，當你看到爸爸媽媽「偏愛」兄弟姊妹時，你就會忽略他們對你的愛。

　　想想看：讓你感到「不公平」的爸爸媽媽，做過哪些讓你感覺溫暖、被愛的事情呢？

## 試試這麼做

在你眼裏，世界是什麼樣子的？你會怎樣理解自己和身邊的人呢？嘗試用顏色筆畫出你的世界吧。

### 我的世界

① 用你喜歡的筆畫出「我的世界」。你想怎麼畫就怎麼畫，沒有好壞對錯之分。

② 這幅畫可以包含你的家人、朋友、老師或同學，也可以包含你喜歡的地方和喜歡做的事。在「我的世界」裏，一切都可以畫出來。

③ 用你喜歡的顏色標注出「我的世界」裏最有代表性的人、事、物。

**小貼士**

如果你不喜歡畫畫，也可以從舊報紙、舊雜誌剪下你需要的圖案，用它們拼貼出「我的世界」。

請把「我的世界」拍下來，把照片貼在下方空白處。

想一想，還有什麼好辦法

在和兄弟姊妹相處的過程中，還有哪些地方讓你感覺不舒服？

當你認為爸爸媽媽不公平時，你能不能找到反駁這個看法的具體例子？你的兄弟姊妹有哪些值得你學習的地方？

問題不是只有一種解決方法，或許你還可以找到更多適合自己的好辦法，嘗試把它們寫下來。

給小學生的漫畫心理學
# 變身社交小達人

作　　者：簡簡周
繪　　圖：機機先生
責任編輯：黃稔茵
美術設計：劉麗萍
出　　版：新雅文化事業有限公司
　　　　　香港英皇道499號北角工業大廈18樓
　　　　　電話：(852) 2138 7998
　　　　　傳真：(852) 2597 4003
　　　　　網址：http://www.sunya.com.hk
　　　　　電郵：marketing@sunya.com.hk
發　　行：香港聯合書刊物流有限公司
　　　　　香港荃灣德士古道220-248號荃灣工業中心16樓
　　　　　電話：(852) 2150 2100
　　　　　傳真：(852) 2407 3062
　　　　　電郵：info@suplogistics.com.hk
印　　刷：中華商務彩色印刷有限公司
　　　　　香港新界大埔汀麗路36號
版　　次：二〇二四年一月初版
　　　　　二〇二四年九月第二次印刷

ISBN: 978-962-08-8297-5
Traditional Chinese Edition © 2024 Sun Ya Publications (HK) Ltd.
18/F, North Point Industrial Building, 499 King's Road, Hong Kong
Published in Hong Kong SAR, China
Printed in China